Superstarke
Geschichten vom
Größerwerden

arsEdition

Inhaltsverzeichnis

Rundherum und hin und her –
Zähneputzen
ist nicht schwer

Eine Geschichte von Katja Burkard,
bearbeitet von Sandra Grimm
Mit Bildern von Andrea Hebrock

Zähneputzen ist so langweilig!

Katharina steht vor dem Spiegel.
Langsam, ganz langsam putzt sie weiter.
Dann reißt sie den Mund auf. Oh, sie hat gruselige
rosa Monsterzähne. Von der Zahnpasta! »Uah!«, brüllt Katharina.
Dann sieht sie ihre Drachen-Zahnbürste an:
»Ich bin ein Monster, ich fresse dich!«

»He! Findest du das witzig?«
Was war das? Katharina lässt vor Schreck ihre Zahnbürste fallen.
Doch nanu! Auf dem Boden liegt keine Zahnbürste.
Stattdessen steht dort ein klitzekleiner, sehr wütender Drache.
»Was guckst du denn so?«, schimpft er.

Da kommt Mama herein. Der kleine Drache flitzt
unter den Schrank. Katharina kniet sich hin.
»Katharina, was machst du denn?«, fragt Mama erstaunt.
»Wir müssen doch in den Kindergarten.«
»Meine Zahnbürste ist unter den Schrank gelaufen«, sagt Katharina.
Mama lacht nur und geht kopfschüttelnd wieder hinaus.
»Komm raus, kleines Ding!«, flüstert Katharina.
»Ding?« Es qualmt rosa unterm Schrank hervor.
»Ich bin Kaschu, der mutigste Drache der Welt.«
Nun krabbelt der Drache doch heraus. »Jetzt putz mal weiter.
Drei Minuten. Zacki!« Katharina lacht. Als sie nach Kaschu greift,
wird er wieder zur Zahnbürste. Und Katharina putzt sich brav
die Zähne, bis die Sanduhr ganz durchgelaufen ist.
Dann kommt Mama und putzt gründlich nach.

Leider bleibt Katharinas Zahnbürste danach
eine Zahnbürste. Katharina kitzelt und schüttelt sie,
aber nichts passiert.
Also steckt Katharina sie in ihre Umhängetasche
und nimmt sie mit in den Kindergarten.
Dort zeigt sie Finn die Bürste.
»Meine Zahnbürste ist verzaubert«,
flüstert Katharina. Finn lacht. Er glaubt ihr nicht!
Plötzlich steht Mona neben ihnen.
»Oh, Katharina, willst du Zähne putzen?
Wie fein. Das könnten wir
zusammen üben.«

Oberkiefer

Unterkiefer

Schneidezähne

Eckzähne

Backenzähne

20 Zähne hat ein vollständiges Milchgebiss.

»Kommt bitte alle her, ich zeige euch was.«
Mona rollt ein Zahnputzplakat aus.
»So viele Zähne habe ich aber nicht«, meint Finn
und deutet auf das Gebiss. Katharina kichert.
»Doch, klar – zwanzig Stück!«
Mona nickt. »Genau! Und jetzt darfst du uns zeigen,
wie man richtig putzt, Katharina.«
Katharina reißt den Mund ganz weit auf und putzt drauflos.
»Zuerst oben auf den Zähnen hin und her putzen«,
erklärt Mona. »Dann außen zuerst in Kreisbewegungen
und dann vom Zahnfleisch zu den Zähnen.
Und nun innen auch von Rot nach Weiß.
Prima, Katharina!«
Da klingelt das Telefon und Mona
verschwindet im Büro.

Putze gründlich die ...

1.

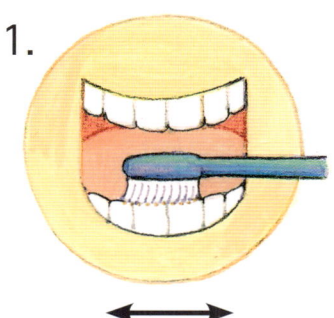

... **K**auflächen

2.

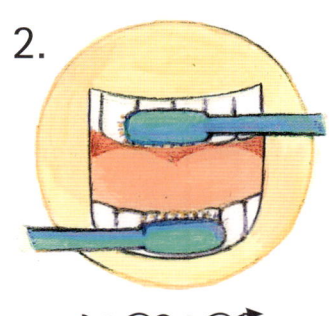

... **A**ußenflächen

3.

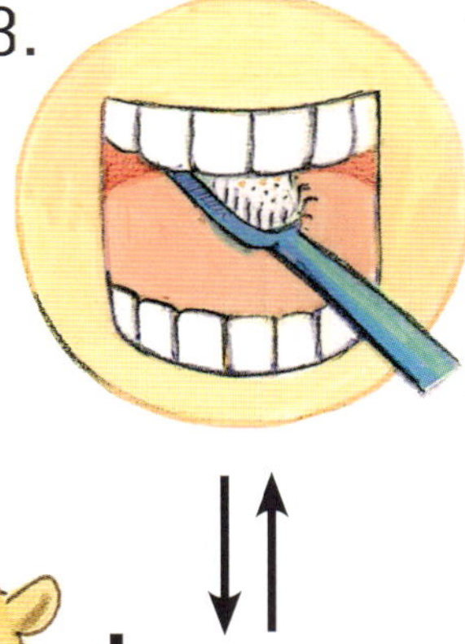

... **I**nnenflächen

ZAWUSCH!

Katharinas Zahnbürste springt ihr plötzlich aus der Hand
und plumpst auf den Boden. »Autsch!«, beschwert sich
der kleine Drache und reibt seinen Po.
Die Kinder kreischen begeistert.
»Ein Drache!« – »Hört mal, er spricht!«
Rasch nimmt Katharina ihn wieder auf die Hand.
»Also, Katharina, du musst jetzt wirklich weiterputzen!«,
ruft Kaschu aufgeregt. Die Kinder starren den kleinen Drachen an.
Kaschu starrt zurück. »Und ihr auch«, sagt er dann.
»Morgen ist der große Flugwettbewerb.
Da wollen alle Zahnbürsten gern mitmachen.
Aber das geht nur, wenn ihr besser putzt.
Nur dann können wir fliegen!«

»Los, Katharina, putz dir weiter die Zähne,
wir wollen deinen Drachen fliegen sehen«, sagt Finn.
Die Kinder rennen in den Waschraum. Kaschu verwandelt
sich rasch in eine Zahnbürste. Katharina nimmt
die grüne Zahnpasta und beginnt zu putzen.
Die anderen Kinder jubeln. Als Katharina fertig ist,
steht – zawusch! – der kleine Drache im Waschbecken.
Er wäscht sich den Schaum vom Kopf und stellt sich
auf den Waschbeckenrand. »Uiuiui, bin ich stark!«,
ruft Kaschu aufgeregt. Seine kleinen Drachenbeinchen zittern.

ZAWUSCH!

Dann springt er.

Und wirklich – seine winzigen Flügel tragen ihn!

Kaschu saust durch die Luft. Er fliegt drei große Kreise,

bleibt dann fast an der Lampe hängen und segelt

im Sturzflug Richtung Tür.

Die geht im selben Moment auf – und Kaschu

fliegt gegen Monas Bauch. Die Erzieherin greift sich

an den Pulli, doch da purzelt Katharinas Zahnbürste bereits auf den Boden.

Kaschu hat sich zurückverwandelt.

»Wer wirft denn hier mit Zahnbürsten?«, fragt Mona verwundert.

Katharina läuft schnell hinüber und schnappt

sich ihre Zahnbürste.

»Entschuldigung, Mona, ich wollte

sie gerade einstecken.«

23

Alle Kinder der Sonnengruppe kriechen jetzt
in die Kuschelhöhle. Dort ist es eng, aber gemütlich!
Katharina holt ihre Zahnbürste wieder aus der Hosentasche.
Zawusch! Kaschu reckt und streckt sich.
»Ich bin geflogen!«, jubelt er. Diesmal steigen
grüne Wölkchen aus seiner Nase – von der grünen Zahnpasta.
Die Kinder reden wild durcheinander.
»Können sich alle Zahnbürsten verwandeln?« –
»Wo ist dieser Wettbewerb?« – »Können da auch Raketen mitfliegen?«
Aber Kaschu hat keine Lust zum Reden. Erschöpft kuschelt er sich
in Katharinas Hand und schläft ein.
»Wir putzen einfach ganz fleißig«, flüstert Katharina.
»Und dann warten wir ab, was geschieht.«

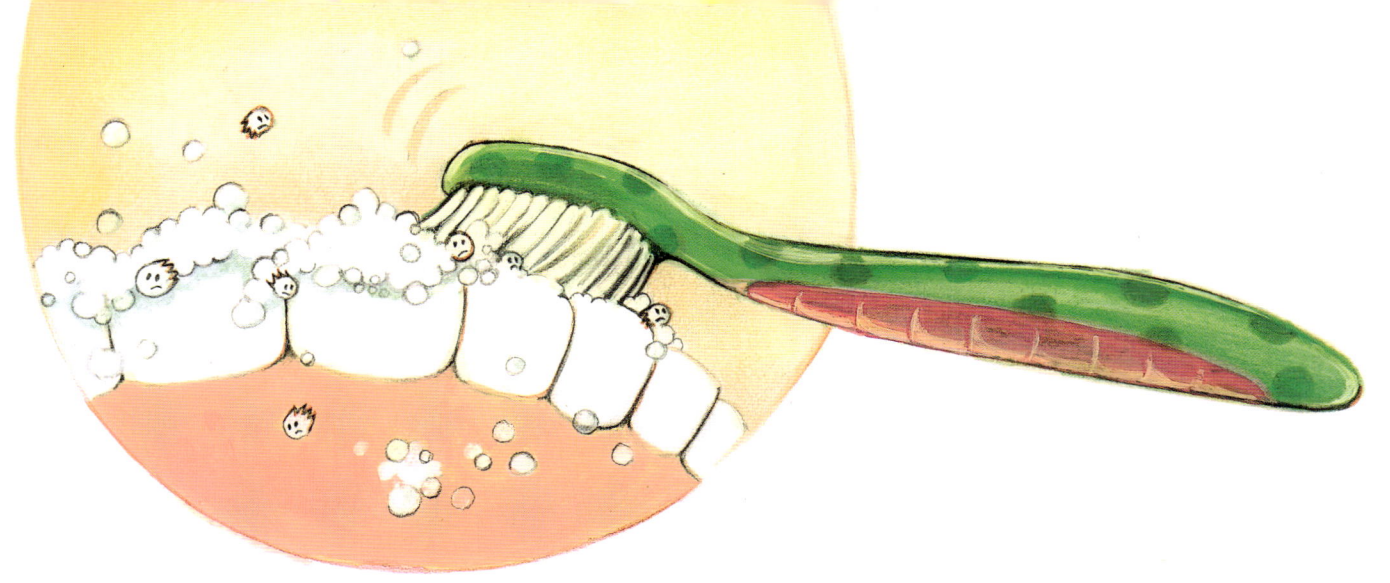

Zu Hause wundert sich Mama. Ständig spricht Katharina
mit ihrer Zahnbürste. Außerdem putzt sie sich nach
dem Mittagessen zweimal die Zähne.
»Man muss zweimal am Tag putzen, nicht zweimal
hintereinander«, sagt Mama.
»Und drei Minuten lang, ich weiß«, lacht Katharina.
»Aber heute will ich die saubersten Zähne der Welt haben.
Außerdem möchte ich später einen Apfel zum Abendessen.
Der macht doch die Zähne stark, oder?«
Mama nickt. »Äpfel sind prima. Zuckersachen,
die kleben an den Zähnen. Das lieben die kleinen Bakterien,
und dann entwickelt sich eine Säure, die Löcher
in die Zähne frisst. Das nennt man Karies.
Aber wenn deine Zähne immer gut geputzt werden,
hast du sicher nur wenige Bakterien im Mund!«
Da hört Katharina Kaschu leise kichern:
»Hihi, die meisten habe ich
doch längst schon verjagt!«

Am Nachmittag kommt Finn zu Besuch.
»Leider durfte ich meine Zahnbürste
nicht mitnehmen«, sagt Finn enttäuscht.
»Meine steht auch im Bad«, sagt Katharina.
Aber das macht nichts. Dann spielen sie eben
»Prinzessin Katharina-Fee und der wilde Ritter«.
Das ist ihr Lieblingsspiel! Sie lachen viel.
Nur eine Sache macht Katharina traurig.
»Kommen die Zahnbürsten nach dem Wettbewerb
eigentlich zu uns zurück?«, hatte Finn gefragt.
Daran hat Katharina noch gar nicht gedacht.
Vielleicht würde Kaschu nicht wiederkommen?

Als Katharina ihre Zahnbürste abends danach fragen will,
ist sie verschwunden. Katharina sucht überall,
sogar unter ihrem Bett! Dann sieht sie das offene Fenster.
Oje, sicher ist Kaschu schon zum Wettbewerb geflogen.
Ohne sich zu verabschieden!

Katharinas Papa staunt.
»Deine Zahnbürste ist weg?«, fragt er.
»Das ist ja merkwürdig. Warst du
etwa nicht nett zu ihr?« Er lacht.
Katharina seufzt. Ach, wenn Papa
wüsste, wie traurig sie ist!
Aber Papa merkt das. Er liest ihr eine extralange
Gutenachtgeschichte vor. Und danach bleibt er
bei Katharina, bis sie eingeschlafen ist.

Mitten in der Nacht wacht Katharina auf.

Tock-tock-tock! Was ist das?

Tock-tock-tock!

Es klopft an der Scheibe! Schnell öffnet Katharina das Fenster.

»Kaschu!«, ruft sie und drückt ihren Drachen an sich.

»Ich bin geflogen wie ein Blitz! Ich war sogar der Schnellste
und habe gewonnen!«, sprudelt Kaschu hervor.

»Ohne dich hätte ich das nie geschafft. Danke, dass du
so gut geputzt hast! Und sieh mal, da oben!«

Katharina schaut in den Himmel. Sie kann es kaum glauben:
Da oben, am Nachthimmel, gleich vor dem hellen Mond,
da flitzen Hunderte kleiner Zahnbürsten!

Ach nein, eigentlich sind es Drachen, Raketen, Fische, Piraten ...

Katharina lächelt und drückt Kaschu an ihre Wange.

»Wie schön, dass du wieder zu mir zurückgekommen bist«,
flüstert sie.

Tipps für Eltern – damit die Zähne ihrer Kinder rundum gesund sind:

• Zum Schutz der Zähne zweimal täglich mit einer erbsengroßen Menge fluoridhaltiger Zahncreme für Kinder putzen.

• Kindergartenkinder üben das regelmäßige Putzen nach der **KAI**-Methode (**K**auflächen, **A**ußenflächen, **I**nnenflächen) ein. Eltern sollten Kinderzähne sauber putzen.
Erst wenn ein Kind flüssig Schreibschrift schreiben kann, beherrscht es auch die Zahnputzmotorik wirkungsvoll.

• Das Risiko von Karies wird vermindert, wenn die Vormittage zuckerfrei sind.

• Eine ausgewogene und kauaktive Ernährung ist wichtig für gesunde Zähne: viel Obst, Gemüse und Vollkornprodukte! Süßigkeiten sollten die Ausnahme sein.

• Als Durstlöscher eignen sich ungesüßte Getränke wie (Mineral-)Wasser und ungesüßte Tees. Fruchtsäfte sollten nur selten und dann verdünnt angeboten werden.

• Abends nach dem Zähneputzen nur noch Wasser trinken.

• Ab dem Durchbruch des ersten Milchzahns sollten Kinder regelmäßig zum Zahnarzt gehen, am besten zweimal jährlich.

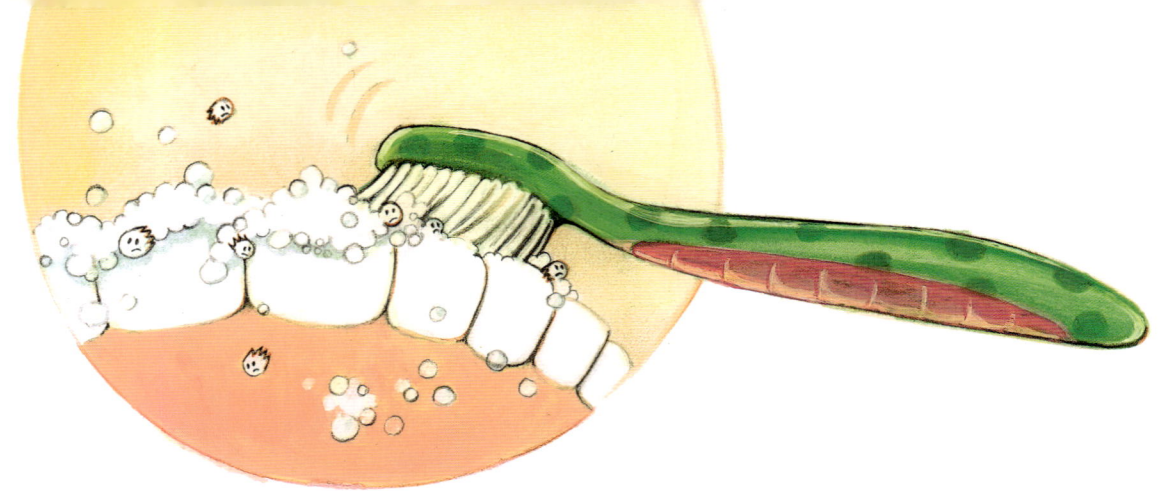

So putzt du deine Zähne richtig nach der KAI-Methode:

1.

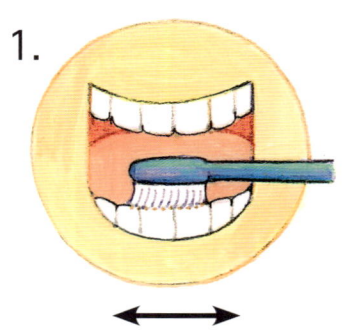

2.

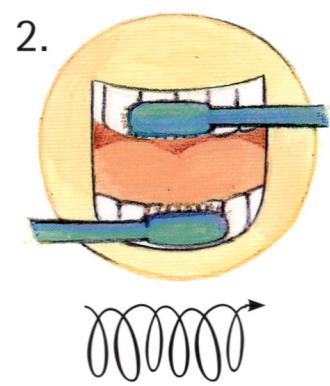

3.

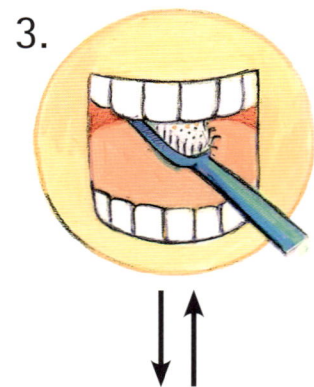

Putze mit der Zahnbürste auf den **K**auflächen hin und her.

Außenseiten in Kreisbewegungen putzen und vom Zahnfleisch (Rot) zum Zahn (Weiß).

Innenseiten auch von Rot nach Weiß bürsten.

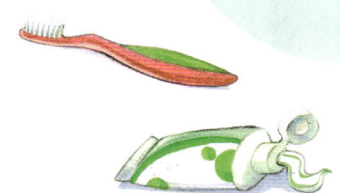

Putze nach jedem Essen drei Minuten lang deine Zähne – mindestens zweimal täglich. Der Zahnarzt überprüft zweimal im Jahr, ob deine Zähne gesund sind.

Niko geht in den
Kindergarten

Eine Geschichte von Sabine Cuno
Mit Bildern von Ana-Maria Weller

»Trallala«, singt Niko und hüpft vergnügt die Treppe hinauf.
Schon klingelt er an Sofias Tür. Sofia ist seine beste Freundin.
Niko holt sie jeden Tag zum Kindergarten ab.
Und weil der Kindergarten gar nicht weit weg ist,
können sie ganz alleine dorthin gehen.
Das Ampelmännchen leuchtet rot.
Die beiden müssen stehen bleiben.
Sofia kramt in ihrer Tasche und holt eine
kleine Stoffgiraffe heraus.
»Was hast du dabei?«, fragt sie. Niko bekommt einen Schreck.
Heute ist »Mitbringtag«! Da darf jedes Kind etwas mitbringen.
Das hat er ganz vergessen! »Macht nichts!«, sagt er
und schaut zum Ampelmännchen. Jetzt leuchtet es grün.
»Los!«, ruft Niko und sie überqueren die Straße.

Merke dir:

»Bei Rot bleib ich stehen, bei Grün darf ich gehen!«

das Straßenschild

die Ampel

der Zebrastreifen

das Gehwegschild

das Auto

das Motorrad

das Fahrrad

der Fahrradhelm

Vom Gartentürchen bis zur Kindergartentür spielen
Niko und Sofia immer »Von Stein zu Stein auf einem Bein«.
Sie hopsen auf einem Bein und dürfen den Rasen
zwischen den Steinplatten nicht berühren.
Hops, hops – HUCH! Was ist denn das?
Ein kleines braunes Ding ist direkt vor Nikos Fuß gehüpft!
Niko bückt sich und streckt vorsichtig die Hand danach aus.
HOPS! – Schon hüpft es auf den nächsten Stein!
Niko greift mit beiden Händen zu, und diesmal
ist er schnell genug. In seinen Händen sitzt etwas,
das ist federleicht und fühlt sich kühl an.
Sofia blinzelt durch seine halb verschlossenen Finger und flüstert:
»Oh, ein kleiner Frosch! Komm, den nehmen wir mit!«
»Jetzt hab ich auch was zum Mitbringtag dabei!«,
sagt Niko zufrieden.

Überlege gut!

Was nimmst du in den Kindergarten mit?

die Brotbox

die Trinkflasche

die Taschentücher

das Halstuch

die Haarbänder

die Kappe

die Sonnencreme

Die Tür zu Nikos Gruppenraum steht weit offen.

Ein paar Kinder sind schon da. Und natürlich Doris und Ingrid.

So heißen die Erzieherinnen. Sie begrüßen die beiden.

»Na, Niko, was bringst du denn heute mit?«,

fragt Doris und schaut in Nikos Händchenhöhle.

»Einen FROSCH!«, ruft sie und holt schnell ein großes Glasgefäß.

Niko setzt das kleine Tier vorsichtig hinein.

Dann geht er zur Garderobe.

Er weiß genau, welcher Kleiderhaken ihm gehört.

Der unter der roten Blume, und da steht auch

in dicken Buchstaben **NIKO**.

Das kann er sogar schon selber lesen!

Kennst du dich aus?

Was gehört NICHT in die Garderobe?

der Kleiderhaken

das Namensschild

der Turnbeutel

die Hausschuhe

die Straßenschuhe

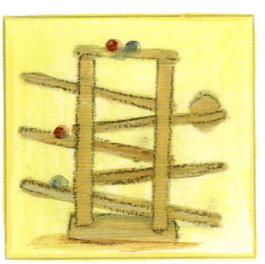
die Kullerbahn

LENA ANNA SOFIA NIKO AHM

45

»BONNNG!«, ertönt der Gong. Das ist das Zeichen für den Morgenkreis.
In der Mitte des Stuhlkreises liegt ein buntes Tuch
und darauf steht das große Glas.
Doris hat ein paar Blätter und Moos hineingelegt
und mittendrin sitzt der Frosch.
Nach dem Begrüßungslied sagt sie: »Niko hat heute
etwas ganz Besonderes mitgebracht.«
Jeder bestaunt den kleinen Frosch, und Niko erzählt,
wo er ihn gefunden hat.
Alle hören zu, und dann zeigen auch sie, was sie dabeihaben.
»Wisst ihr was?«, ruft Doris. »Heute ist Mitbringtag und ...? –
FROSCHTAG!« HURRA! Das gefällt den Kindern!
Voll Freude quaken sie noch einmal das Begrüßungslied
und spielen auf den Instrumenten dazu. Wie lustig das klingt!

Überlege gut!

Was macht ihr im Morgenkreis?
Welche Instrumente nutzt ihr?

der Gong

das Tamburin

die Rassel

die Trommel

das Xylofon

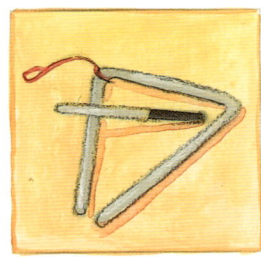

die Triangel

Doris hat die große Lupe und ein Tierbuch bereitgelegt.
Nacheinander darf jeder den Frosch durch die Lupe betrachten
und sagen, was er sieht: »Der Frosch ist braun.« –
»Er hat dunkle Flecken.« – »Er hat große schwarze Augen.« –
»Er hat vier Beine.« – »Die vorderen sind kürzer als die hinteren.«
»Unser Frosch ist ein Grasfrosch. Er lebt auf Wiesen
und in Parkanlagen«, liest Doris vor.
Sie klappt das Buch zu und fragt:
»Wer hat Lust, einen Frosch zu malen?«
»Ich! ... Ich! ... Ich!«, rufen alle laut.

Das weißt du!

Was brauchst du zum Malen?

die Fingerfarben

die Malkreiden

die Farbstifte

der Malkasten

der Pinsel

der Mallappen

der Wasserbecher

der Malkittel

Frösche malen macht hungrig!
Niko holt seine Brotbox aus dem Rucksack und
seinen Trinkbecher aus dem Regal. Sofia will auch
Frühstückspause machen. Sie hat ihre Trinkflasche dabei.
Und was ist da drauf? Ha! – Ein Frosch!
Da müssen die beiden lachen. Immer mehr Kinder setzen sich
an den runden Tisch. Doris schenkt Früchtetee ein.
Niko schaut zu seinem Frosch hinüber.
Ob er wohl auch Hunger hat?
Und was frisst er eigentlich? Gurke? Brotkrumen? Blätter?
»Der Frosch ernährt sich von Fliegen, Würmern und Schnecken«,
sagt Doris. »Wenn wir vor dem Mittagessen in den Garten gehen,
kannst du Futter für ihn suchen.«
Das will Niko gerne tun, aber zuerst will er spielen.

Merke dir:

»Iss viel Obst, das ist gesund und du wirst nicht kugelrund!«
Was isst du am liebsten?

das Vollkornbrot

das Knäckebrot

der Käse

die Wurst

die Tomaten

die Gurkenscheiben

die Radieschen

das Obst

Niko, Ahmed und Felix bauen die Kullerbahn auf.
Sie wird so hoch, dass die Kugeln von ganz weit oben herunterkullern.
PLING-PLANG-PLONG macht es, wenn sie unten ankommen.

Anna, Paul und Lena wollen lieber in der Puppenecke spielen.
Anna ist die Mutter. Paul ist der Vater. Aber Lena will nicht
das Kind sein. Sie will sich auch verkleiden und schön aussehen!

Lilli ist ein bisschen müde. Sie geht zur Bücherecke und
holt sich ein Bilderbuch. Doris und der kleine Timm
setzen sich zu ihr und Doris liest vor.

Sofia legt das Riesenpuzzle auf dem Boden aus und Leon hilft ihr.
Marie sucht sich alle Zootiere aus der Kiste mit den Holztieren.
Sie kennt sie alle, denn ihr Opa geht oft mit ihr in den Zoo.

Schau genau!

In der Spielecke gibt es viel zu entdecken!

die Bauklötze

die Puppen

der Puppenwagen

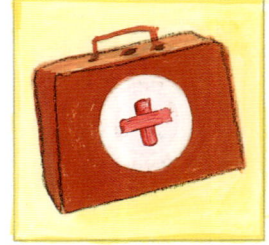
der Arztkoffer

das Nagelspiel

das Puzzle

Nach dem Spielen heißt es »Aufräumen!«, und jeder kennt schon den Spruch:
»WIR SCHAUEN UNS UM – LIEGT NOCH WAS RUM?«
NEIN! – Alles ist ordentlich an seinem Platz!
Die Kinder stürmen zur Garderobe, denn nun dürfen sie
raus in den Garten.

»Ich muss noch aufs Klo!«, sagt Niko.
Felix und Lena gehen auch gleich mit.
Im Waschraum steht schon Sofia.
»Wartest du auf mich?«, fragt Niko. Sofia nickt.
Sie muss ja noch Hände waschen.
Der kleine Timm steht da und weint. Er hat in die Hose gemacht.
Doris holt eine Ersatzhose aus dem Schrank.
Sofia hilft Timm beim Anziehen.
»Das ist doch gar nicht so schlimm!«, tröstet sie ihn.

Merke dir:

»Nach dem Klo und vor dem Essen Händewaschen nicht vergessen!«

das Kinderwaschbecken   die Kindertoilette   der Tritthocker   das Handtuch

   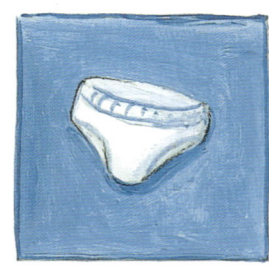

die Seife   der Zahnputzbecher
die Zahnbürste
die Zahnpasta   die Hose   die Unterhose

Im Garten steht ein Spielhaus mit einer Rutsche.
Ahmed und Leon streiten sich. Jeder will der Erste sein.
Ahmed schubst Leon zur Seite. Leon schreit.
Da kommt Doris hinzu. Nun müssen sie sich hintereinander
aufstellen und dann geht es immer schön der Reihe nach:
Leiter hoch, Rutsche runter!
Das macht Spaß! Und Ahmed und Leon lachen schon wieder.
Niko und Sofia gehen langsam und gebückt durch den Garten.
»Das wird ein gutes Mittagessen für den Frosch!«, sagt Sofia.
Als sie zum Essen hineingehen, haben sie drei Regenwürmer,
eine Schnecke und eine tote Fliege in ihrer Tüte.
Deshalb waschen sie jetzt ihre Hände besonders lange
und mit ganz viel Seife!

Erzähle!

Spielst du auch gerne im Garten?

das Sandspielzeug

das Springseil

der Ball

das Dreirad

das Trampolin

die Wippe

Anna, Leon und Marie haben bereits den Tisch gedeckt.

Es gibt bunte Nudeln mit Tomatensoße.

Anna mag keine Tomaten. Sie will nur Nudeln.

»Mmh, lecker!«, ruft Niko und spießt gleich drei

Nudeln auf seine Gabel. Lilli kleckert ein bisschen.

Das macht nichts, sie hat ihr Lätzchen um.

Bald sind alle satt. Sie fassen sich an den Händen

und sagen: »DANKE!«

Das Abräumen geht heute besonders schnell,

denn nun ist Froschfütterung! Niko schüttelt seine Tüte

über dem Glas aus. Doch der Frosch rührt sich nicht.

»Vielleicht will er nichts essen«, meint Niko.

Da fragt Doris: »Aber was wollen WIR nach dem Essen ...?«

»... DAS ZÄHNEPUTZEN NICHT VERGESSEN!«,

rufen alle und sausen in den Waschraum.

Schau genau!

Welche Gegenstände entdeckst du im großen Bild?

 der Löffel, die Gabel

 der Becher

 der Krug

 die Schüssel

 der Topf

 die Schöpfkelle

 das Lätzchen

 der Teller

59

Die Kinder, die einen Mittagsschlaf machen,
gehen nun mit Doris ins »Sternenzelt«.
So heißt der kleine Schlafraum oben unter dem Dach.
Dort hat jeder seine Matratze und seine Decke und
sein eigenes Kuschelkissen.

Für die anderen ist nun »Leise Zeit« in der Bücherecke.
PSSST! Erst wenn alle ganz still sind, liest Ingrid eine Geschichte vor.
Und weil heute Froschtag ist, gibt es eine Froschgeschichte!
Als sie zu Ende ist, steht Niko auf.
Er geht zu seinem Frosch hinüber.
»Ich glaub, er will nach Hause!«, sagt er nachdenklich.
Da beschließen sie, dass sie den kleinen Frosch
in den Garten zurückbringen und freilassen!

Erzähle!

Was brauchst du für deinen Mittagsschlaf?

die Matratze

die Decke

das Kuschelkissen

die Spieluhr

das Bilderbuch

der Schnuller

das Schmusetuch

das Kuscheltier

Draußen regnet es. Wie gut, dass jedes Kind Regensachen
im Kindergarten hat. Doris geht voran. Sie trägt das Froschglas.
Beim großen Busch bleiben sie stehen. Niko setzt den Frosch
behutsam ins Gras. HOPS! – Schon ist er verschwunden.
»Habt ihr gesehen, wie er hüpft?«, lacht Doris.
»Das können wir auch!«
Alle machen es dem Frosch nach und hopsen herum.
Nur Niko bleibt stehen. Er schaut traurig zu Boden.
Sofia geht zu ihm. Sie legt den Arm um seine Schultern.
»Findet der Frosch wieder heim?«, fragt Niko.
Ja, da ist sich Sofia ganz sicher!
»Wartet seine Mama schon auf ihn?«, will Niko weiter wissen.
Sofia nickt: »Bestimmt! Und sie freut sich ganz doll!«
Niko schaut zum Gartentürchen. Und wer wartet da auf ihn?
»Ich freu mich auch! – Auf meine Mama!«, ruft er und hüpft davon.

Das weißt du!

Auch wenn es regnet, kannst du draußen spielen.
Zieh deine Regensachen an!

die Gummistiefel

der Regenmantel

die Regenjacke

die Regenkappe

die Matschhose

der Regenschirm

Hannahs Lieblingshose
Ich zieh an, was mir gefällt!

Eine Geschichte von Charlotte Habersack
Mit Bildern von Miriam Cordes

Hannah ist Kapitän auf ihrem Schiff.
Sie kämpft gegen Tim Totenkopf.
Den gefährlichsten Seeräuber aller Zeiten!
Tim ist zwar stärker, aber Hannah ist schneller.
Denn sie hat ihre Lieblingshose an.
Eine richtige Piratenhose mit lauter bunten Flicken.
Hannahs Piratenhose passt wie angegossen.
Nichts zwickt und nichts kratzt.
In ihr kann Hannah klettern wie ein flinkes Äffchen.

Doch am nächsten Morgen ist Hannah nicht so schnell.
Sie trödelt. Im Schlafanzug sitzt sie am Frühstückstisch
und füttert Teddy mit einer Banane.
»Beeil dich, Hannah«, drängelt Mama.
»Heute kommt der Fotograf in den Kindergarten.
Ich hab dir schon eine Strumpfhose und
ein hübsches Kleid rausgelegt.«
»Ich will aber lieber meine Piratenhose anziehen«,
mault Hannah. »Und Teddy muss noch aufessen.«

»Die Piratenhose ist schmutzig«, sagt Mama.
»Wenn du das Kleid nicht magst, kannst du
eine andere Hose anziehen.«
Aber Hannah will nichts anderes anziehen. Und die
Strumpfhose, die Mama rausgelegt hat, schon gar nicht.
Die zwickt und kratzt wie ein Haufen Ameisen.
»Hannah, beeiiiiil dich!«, ruft Mama durch den Flur.
Aber Hannah lässt sich Zeit. Sie gibt
lieber Teddy noch was zu trinken.

Mama ruft noch dreimal:
»Hannah, bitte zieh dich jetzt an!
Hannah, wir müssen jetzt wirklich los!
Hannah, du kommst zu spät in den Kindergarten
und ich zu spät zur Arbeit!«
Als Mama schon ihren Mantel anhat, ist Hannah
immer noch im Schlafanzug. Nun ist es zu spät.
Da zieht Mama Hannah einfach eine Jacke an und
stellt ihr die Schuhe hin.
»Dann musst du eben so in den Kindergarten«,
sagt sie ruhig, »und dich dort umziehen.«
Das Kleid und die Kratz-Strumpfhose
nimmt sie in einer Tasche mit.

70

»Du hast ja noch deinen Schlafanzug an«,
sagt Tim erstaunt.
»Na und?«, sagt Hannah.
»Aber heute kommt doch der Fotograf«,
sagt die Erzieherin. »Willst du
da nicht lieber was anderes anziehen?«
»Nein!«, sagt Hannah bestimmt.
»Meine Piratenhose ist in der Wäsche.
Und das Kleid mag ich nicht.
Das hab ich doch nie an.
Mit dem Kleid erkennt man mich
auf dem Foto nicht wieder.«
Und Hannah hat recht:
So ist sie auf dem Foto sofort zu finden!

»Zieh dich endlich mal an!«, ruft Mama
am Nachmittag. »Wir gehen zum Turnen.«
»Das ist doch blöd«, meint Hannah.
»Erst anziehen, dann ausziehen und dann
wieder anziehen! Da kann ich doch gleich
das Turnzeug anziehen.«
Mama schüttelt den Kopf.
»Nein«, sagt sie bestimmt. »Draußen schneit es.
Und es ist kalt. Da kannst du nicht
im Turnzeug herumspazieren.«

»Aber meine Piratenhose ist ja immer noch
in der Wäsche«, jammert Hannah.
Mama holt eine andere Hose aus dem Schrank.
Sie ist blau und hat kleine weiße Pünktchen.
»Wie wär's mit der?«, schlägt Mama vor.
Hannah schüttelt den Kopf.

Mama seufzt:
»Bitte, Hannah. Wir müssen bald da sein.«
Aber Hannah will nicht!
Mama schaut nervös auf die Uhr. Sie überlegt.
»Na gut!«, sagt sie schließlich.
»Dann zieh eben gleich dein Turnzeug an.
Aber nur, wenn du einen warmen Pulli und
eine Strumpfhose drüberziehst.
Sonst holst du dir noch einen Schnupfen.«

In der Umkleide herrscht ein riesiges Durcheinander. Alle Kinder ziehen sich gleichzeitig um. Aber diesmal braucht Hannah keine Ewigkeit. Diesmal ist sie die Schnellste.

»Zieh dir was Schönes an«, sagt Mama am Abend.
»Warum?«, fragt Hannah.
»Wir sind eingeladen«, sagt Papa.
»Und wenn man eingeladen ist, zieht man sich hübsch an.«
»Warum?«, fragt Hannah.
»Wenn sich ein netter Mensch Mühe mit dem Essen
macht, kann man sich auch ein bisschen Mühe
beim Anziehen geben«, erklärt Mama.
»Um zu zeigen, dass der Mensch und
der Abend etwas Besonderes sind.«

Hannah macht sich hübsch.
Das Schönste, das sie hat, ist ihre Piratenhose.
Aber weil die noch nass ist,
sucht sie sich was anderes Schickes aus.
In ihrer Verkleidungskiste findet sie
einen tollen Glitzerstoff und viele bunte Ketten.
Mit Mamas Lippenstift malt sie sich
einen roten Punkt auf die Stirn.
Jetzt sieht sie aus wie eine indische Prinzessin.

»Du siehst aber hübsch aus«, sagt Tims Mama.
»Und warum hast du einen Punkt
auf der Stirn?«, fragt Tim.
Hannah schielt auf ihren Punkt.
»Das bedeutet Stärke und Kraft«,
lacht Hannahs Mutter.
»Aha!«, sagt Tim beeindruckt.

Als Hannah am nächsten Morgen aufwacht,
hat Mama Geburtstag. Die Sonne lacht durchs Fenster.
»April, April, der weiß nicht, was er will«, sagt Papa.
»Ich weiß immer, was ich will!«, denkt Hannah.
»Deine Lieblingshose ist trocken«, ruft Mama aus
der Küche. »Du kannst sie ENDLICH anziehen.
Wir machen zur Feier des Tages ein Picknick am See.«

»Bin schon fertig!«, sagt Hannah.

»Warum hast du denn ausgerechnet heute
das Kleid angezogen?«, fragt Mama und
blinzelt in die Sonne.
»Weil ... die Piratenhose ist zwar
meine Lieblingshose«, sagt Hannah.
»Aber mein Lieblings-Mensch bist du!«

Das ist meins!

Eine Geschichte von Sabine Cuno
Mit Bildern von Ana-Maria Weller

Anna klingelt bei Oma Leih.
Sie ist nicht ihre richtige Oma,
sondern eine »Leih-Oma«, wie Mama sagt.
Denn eigentlich ist sie eine Nachbarin,
die sich viel um Anna gekümmert hat,
als ihr kleiner Bruder Paul zur Welt kam.
Aber für Anna ist sie einfach die »Oma Leih«,
und sie besucht sie, sooft sie kann.
Heute auch. Und Paul? –
»Der wollte wieder nicht mit!«
Anna weiß, dass dies ein bisschen geschwindelt ist,
denn in Wahrheit will sie nicht, dass ihr Bruder mitkommt.
Anna will Oma Leih nämlich am liebsten ganz für sich haben.

Die beiden sind auf dem Dachboden.
Anna staunt, was da alles steht und hängt!
Eine alte Uhr, alte Bücher, ein chinesischer Papierschirm,
ein Tropenhelm, große Truhen, ein Vogelkäfig
aus Bambus ... Und zwischen alldem
entdeckt Anna eine schöne Schachtel.

In der Schachtel liegen zwei Bündel Briefe
und darunter ein Stapel bunter Papierbögen.
Anna nimmt sie heraus.
Alle Regenbogenfarben liegen vor ihr.
Oma Leih erinnert sich: »Als mein Mann
noch lebte, war er oft lange Zeit auf Reisen.
Damals habe ich ihm viele Briefe geschrieben ...
und immer auf diesem Papier! Weißt du,
ich mag den Regenbogen sehr, und ich glaube,
dass er die Menschen verbindet.«
Oma Leih schenkt Anna einen Teil
von ihrem Regenbogenpapier.

»Mama, Paul, schaut mal, was Oma Leih
mir geschenkt hat!«, ruft Anna schon
in der Haustüre. Glücklich breitet sie
die bunten Papiere auf dem Tisch aus.
Sie freut sich, was sie damit alles machen kann:
Blumen, Deckchen mit Lochmuster, eine
Schachtel bekleben, ein Geschenk einpacken,
und sie kann darauf malen oder schreiben ...

Paul würde gerne Schiffchen und Flieger
daraus falten und er möchte auch
etwas von dem schönen Papier haben.
Aber Anna will nichts abgeben.
»Das ist meins!«, sagt sie.
Schließlich hat SIE das Papier
von IHRER Oma Leih bekommen!

Paul bettelt ... **ANNA GIBT NICHTS HER.**

Paul weint ...

ANNA BLEIBT HART.

Paul wird wütend ...
Er grapscht sich blitzschnell
ein paar Bögen und rennt davon.

Anna rennt ihm nach ...
Sie brüllt vor Zorn und
sie nennt ihn »Paule-Jaule« –
das mag er überhaupt nicht.

Paul rast die Treppe hoch ... Anna hinterher.
Schon ist Paul auf dem Balkon ...
Bevor Anna ihn erreicht,
hat er das Papier zerrissen ...
Er wirft es in die Luft und herunter
schweben regenbogenbunte Schnipsel.
Anna kreischt voller Wut
und rennt in den Garten.

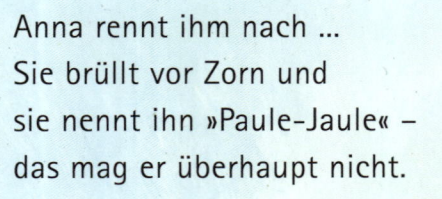

Schluchzend kniet Anna zwischen
den bunten Papierchen.
Mama tröstet sie und dann sammeln sie
gemeinsam alle Schnipsel in eine kleine Holzkiste.

Beim Schlafengehen muss Anna noch einmal weinen.
Da stellt Mama die kleine Kiste neben das Bett
und sagt leise: »Anna, leg deinen Kummer jetzt
zu den Regenbogenschnipseln, und morgen,
wenn du das Kistchen aufmachst,
wird alles wieder gut!«

Am nächsten Morgen ist Anna im Kindergarten.
Als alle Kinder ihre Brote auspacken, merkt sie,
dass sie ihre zu Hause vergessen hat.
Anna findet es ganz schlimm,
dass um sie herum alle essen.
Noch nie hatte sie solchen Hunger!

Oh, wie schön ist es da, dass Marlene
ihre Banane mit ihr teilt.
Noch nie hat eine Banane so gut geschmeckt!

»Marlene war heute so nett zu mir!«,
erzählt Anna auf dem Nachhauseweg.
»Ich hatte als Einzige nichts zu essen.
Da hat Marlene ihre Banane mit mir geteilt ...
und das fand ich richtig lieb von ihr!«

»Ja«, nickt Paul.
»Das ist nämlich schlimm,
wenn andere was haben
und selber hat man nichts!«

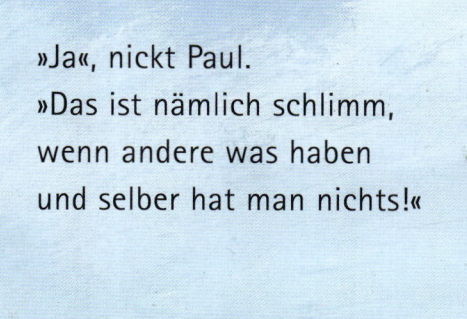

Nach dem Mittagessen will Anna basteln.
Nachdenklich hält sie ihre restlichen
bunten Papiere in der Hand.
Sie denkt an Oma Leih und an den Regenbogen.
Da kommt ihr eine Idee: Sie will für Oma Leih
ein Regenbogenbild machen ... und zwar
aus dem Regenbogenpapier!
Man könnte ihn aus Papierschnipseln aufkleben,
schlägt Mama vor.
Schnell holt Anna die kleine Holzkiste.
Ja, das ist gut! –
Aber auch ganz schön viel Arbeit!
Vielleicht mag Paul ihr helfen?
Oh ja, das macht er gerne ... denn das Papier
in Schnipsel reißen, das kann er
wirklich supergut!

Mama nimmt einen Malblock und
zeichnet einen großen Bogen vor.
Anna teilt ihr Papier mit Paul.
»Eins für dich, eins für mich!«, sagt sie
und Blatt für Blatt bekommen beide
gleich viel von jeder Farbe.

Dann kleben sie eifrig Papierschnipsel auf.
Und damit sie sich dabei nicht in die Quere kommen,
fängt jeder an einem Ende des Bogens an.
So entsteht er Reihe für Reihe, Farbe um Farbe ...
bis sie sich in der Mitte treffen und
der Regenbogen fertig ist.
Ein bisschen schief ist er geworden ...
und wunderschön!

Darunter malen sie noch ein Haus
und Blumen und einen Baum.
Und zuletzt malt Paul sich an das eine Ende
und Anna malt sich an das andere Ende
vom Regenbogen.

Als Anna später bei Oma Leih klingelt,
ist sie nicht alleine: Paul steht neben ihr.
Glücklich und stolz überreichen die beiden
das Regenbogenbild.
Und Oma Leih freut sich darüber so sehr,
dass ihre Augen ganz nass glitzern ...

Bibliografische Information der Deutschen Nationalbibliothek

Die Deutsche Nationalbibliothek verzeichnet
diese Publikation in der Deutschen Nationalbibliografie;
detaillierte bibliografische Daten sind im Internet
über http://dnb.d-nb.de abrufbar.

© 2017 arsEdition GmbH,
Friedrichstraße 9, 80801 München
Alle Rechte vorbehalten
Coverillustration: Miriam Cordes
ISBN 978-3-8458-1413-1

www.arsedition.de

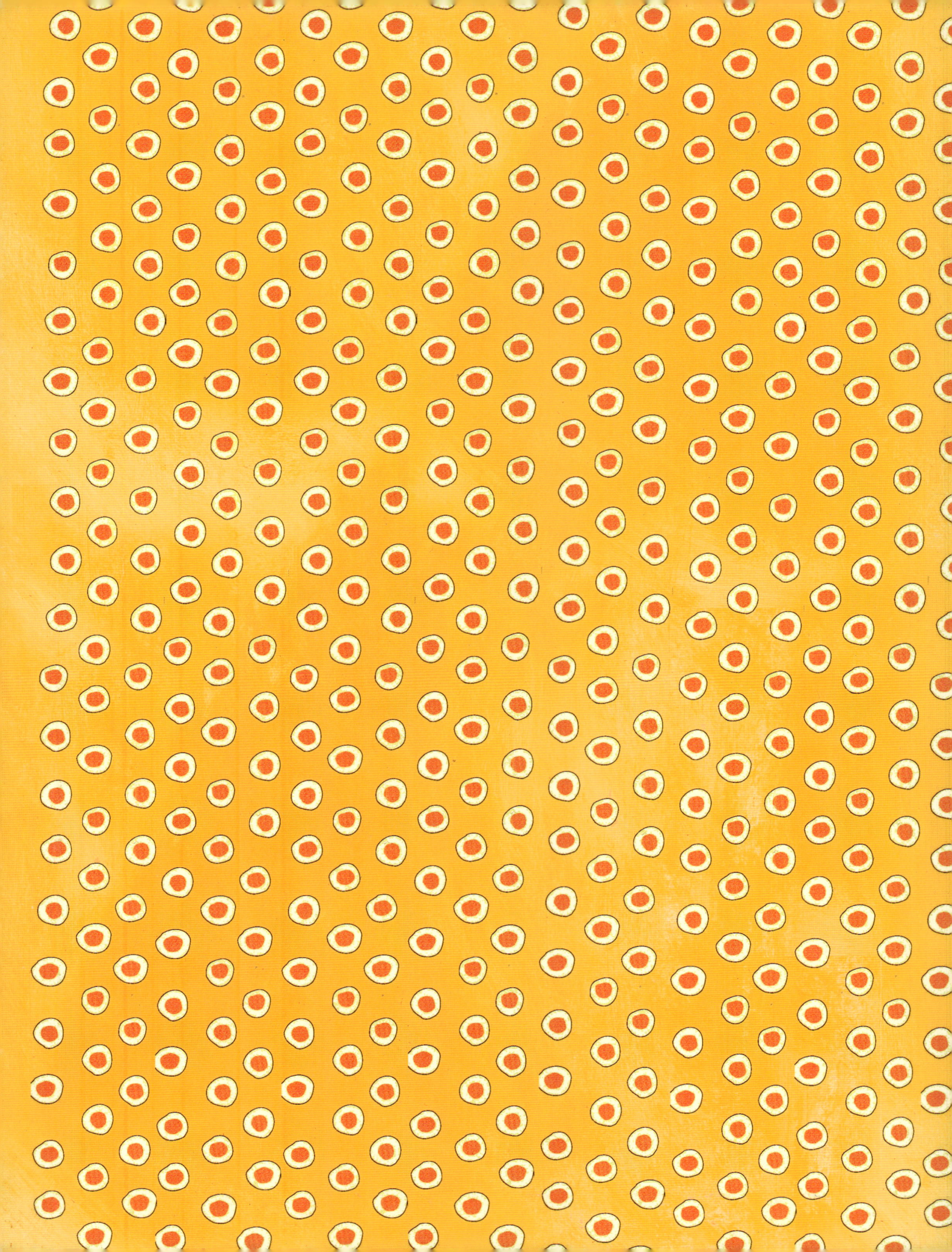